Franz X. Bogner

Das Erzgebirge von oben

Entdeckungen zwischen Freiberg und Klingenthal

SUTTON ANSICHTEN

Über den Autor

Der Fotograf und Autor Franz X. Bogner ist Ordinarius des Lehrstuhls Didaktik der Biologie an der Universität Bayreuth. Sein Forschungsgebiet ist die MINT-Bildung für nachhaltige Entwicklung, seine zweite Berufung ist der Naturschutz. Im Zuge der Öffentlichkeitsarbeit hat er bereits über 40 Luftbildbände unter der Kultur & Natur-Dachmarke auf den Weg gebracht, die mit emotionalen Luftbildern die Schönheit und Schutzwürdigkeit von Natur und Umwelt thematisieren. Die ungewohnte Vogelperspektive erlaubt uns eine neue Sichtweise auf eine vielleicht gut bekannte Umgebung. Das „emotionale“ Licht ermöglicht uns, einmal genauer hinzuschauen und so Natur und Kultur besser zusammenzubringen.

Impressum
Sutton Verlag GmbH
Hochheimer Straße 59
99094 Erfurt
www.suttonverlag.de

ISBN: 978-3-95400-589-5

Printed in Italy by Printer Trento
Gestaltung und Herstellung: Sutton Verlag

Vorwort

Warum ein Luftbildband? Heute ist das eigene Fotografieren dank Digitaltechnik denkbar einfach geworden, besonderes Technikwissen ist kaum mehr nötig. Eigene Luftbilder sind dennoch nicht leicht zu machen: Flugzeuge werden durch ihre pure Geschwindigkeit in der Luft gehalten und erlauben nur kurze Zeitfenster für ein eigenes Bild; Ausschnitte sind dann selten stimmig, Farben sind häufig archaisch und mit der Schärfe will es meist auch nicht klappen: Eigene Bilder gehen oft nicht über GoogleMap-Bildqualitäten hinaus. Emotionale Luftbilder lassen uns eigentlich Altbekanntes in einem neuen Licht sehen. Meister des Lichtpinsels wie Ansel Adams (1902–1984) erreichten diese Wirkung mit phänomenalen Schwarz-Weiß-Landschaftsbildern. Auch heute gilt es, Luftbilder mit einem gefühlvoll geführten Farbpinsel „mit Licht zu schreiben". Luftbilder können ebenfalls magische Surrealität komponieren, Landschaften staffeln und grafisch reduzieren sowie mit Schattenspielen perspektivische Räume schaffen. Luftbilder lassen uns sozusagen mit den „Augen der Götter" sehen; die ersten Luftbilder vor einem Jahrhundert waren daher richtige „Eye-Catcher", wie man heute sagen würde.

Mit einer einmotorigen Maschine im ersten oder letzten Sonnenlicht vom Boden abzuheben, ist auch heute noch etwas ganz Besonderes. Gottlob ergeht es uns nicht mehr wie Gustav Weißkopf (1871–1926), dem ersten erfolgreichen Motorflieger der Welt, den seine Flugleidenschaft wirtschaftlich schnell ruinierte. Dies droht heute nicht mehr, auch wenn Fliegen schon wegen enormer Sicherheitsvorgaben immer noch teuer ist.

Mein besonderer Dank gilt daher zuallererst meinen Piloten, allen voran Jörg Bort und Manfred Schultes. Vielen Dank an dieser Stelle für die meist in kurzfristiger Abstimmung durchgeführten Fotoflüge. Schließlich gebührt mein Dank dem Layout, das alles trefflich ins rechte Licht setzte, sowie natürlich dem Sutton Verlag für die Herausgabe dieses Luftbildbandes.

Viel Freude mit dem Luftbildband!

Prof. Franz X. Bogner

Inhaltsverzeichnis

Ein Almanach

„Nomen est omen“ – der Name ist Programm: Das Erzgebirge ist ein Gebirge voller Erze. Seit fast acht Jahrhunderten sind sie das Geheimnis von Sachsens Reichtum, aus unzähligen Bergwerksstollen kam das Geld, um sich die Preußen vom Leib halten zu können. Die Besiedlung des Mittelgebirges war denn auch meist mit dem Bergbau und dem Heben von Bodenschätzen verbunden. Wurde abbaubares Erz gefunden, wurde dieses meist schnell einer gezielten Nutzung zugeführt: 1168 entdeckte man beispielsweise in der Umgebung von Freiberg Silbererz, wenig später fand man Zinnerz auf der böhmischen Südseite des Erzgebirges. Es kam zum „Ersten Berggeschrey“, das man später schon mal mit dem legendären Goldrausch am kalifornischen Sacramento-River verglich. Doch erst mit dem „Zweiten“ oder „Großen Berggeschrey“ ab 1470 brachen die großen Siedlerströme auf, angelockt von reichen Silbererzvorkommen in Schneeberg und ab 1491 am Schreckenberg. In diesen Regionen war das Erzgebirge daher schnell deutlich dichter als heute besiedelt. Jeder Fund zog neue Siedler an, das Erzgebirge wurde zum Zentrum des Bergbaus in Mitteleuropa.

Das Erzgebirge weist eine West-Ost-Ausdehnung von etwa 150 Kilometern auf und ist durchschnittlich 40 Kilometer breit. Es wird häufig in West-, Mittel- und Osterzgebirge unterteilt, jeweils getrennt durch die Täler der Schwarzwasser und der Zwickauer Mulde bzw. der Flöha. Der östliche Teil ist durch ausgedehnte, sanft ansteigende Hochflächen geprägt, der Gebirgskamm bildet eine Abfolge von Hochflächen und zum Teil dominanten Einzelbergen: Die höchsten sind der Keilberg (1.244 Meter) und der Fichtelberg (1.215 Meter). Im Osten schließt sich das Elbsandsteingebirge an, im Westen das Elstergebirge sowie das Vogtland. Das Erzgebirge ist Teil des uralten Variskischen Gebirges, das einst höher als der Himalaya in den Himmel ragte. Bei der Namensgebung bezog man sich auf die Varisker, ein germanisches Volk, das vor 2.000 Jahren im späteren bayerischen Nordgau siedelte. Das Hochgebirge hatte eine dermaßen große Ausdehnung, dass man Namen für Teilbereiche des Gebirges für angebracht hielt. Der Bereich des Erzgebirges wurde mit Saxothuringikum nach Sachsen und Thüringen benannt: Es reicht heute von den Sudeten über das Erzgebirge, den Frankenwald und das Thüringer Schiefergebirge bis zum Spessart, Odenwald, Nordschwarzwald und den Nordvogesen. Alle diese Berge sind heute Mittelgebirge, der Zahn der Zeit hat an dem Hochgebirge genagt: Bereits im Perm (d.h. vor 299 bis 252 Millionen Jahren) war das Variskische Gebirge zur sogenannten permischen Rumpffläche erodiert.

Das Erzgebirge ist unübersehbar ein Waldgebirge, aus der Luft besehen breitet sich oft Wald aus, so weit das Auge reicht. Hier ist noch Platz dafür. Wald bedeutet ja immer eine Nichtnutzung für Siedlungen; wo Wald ist, findet kaum Versiegelung statt. Hier im Erzgebirge ist die hehre Zukunft schon in Ansätzen sichtbar, hier hat die Natur wieder Raum, der ihr andernorts in Deutschland so sehr fehlt.

Natürlich ist das Erzgebirge besiedelt, Wege und Straßen sind das Indiz dafür, auch Waldlichtungen zeigen ganz klar unseren Einfluss; ohne Menschenhand würde es nämlich keine nennenswerten Waldlichtungen geben, das natürliche Ökosystem in Mitteleuropa ist nun mal Wald und nichts als Wald. Waldlichtungen würden sofort einer Sukzession unterworfen sein und schnell wieder vom Wald übernommen werden. Ob Nadelwald oder Laubwald das natürliche Ökosystem dominieren würde, hängt schlicht von der Meereshöhe ab. In tieferen Lagen würden Buchen und Eichen ohne unseren Einfluss den Wald bestimmen.

Nadelbäume sind durchaus natürlich in unseren Wäldern zu finden, es kommt nur auf die Höhenmeter an. Die bloße Fichtenform ist ideal an große Schneemengen angepasst: Ihre schlanke Gestalt lässt den Schnee geradezu „abtropfen", große Schneemassen würden schnell abrutschen, dadurch treten die allseits gefürchteten Schneebrüche seltener auf. Fichten sind auch im Winter immergrün und erreichen Wuchshöhen bis 60 Meter bei einem Stammdurchmesser von bis zu einem Meter. Jeder Schüler weiß zudem, wie er Fichten von Tannen unterscheiden kann, schließlich lautet der Schülerreim: „Die Fichte sticht, die Tanne nicht". Er weiß

zudem, dass lose Zapfen am Boden ganz klar Fichtenzapfen sein müssen, da abgefallene Tannenzapfen allenfalls nach starken Stürmen am Boden zu finden sind: Tannenzapfen fallen schließlich Schicht für Schicht ab, sodass nur eine Spindel zurückbleibt. Tannenzapfen kommen also höchst selten als Ganzes am Boden zum Liegen. Heute werden Waldflächen nicht mehr großflächig gerodet, um die ökologischen Eingriffe in Grenzen zu halten. Aus der Luft betrachtet, können dabei manchmal überraschende Formen herauskommen (beispielsweise ein Herz, siehe oben).

Die Nordabflachung des Erzgebirges wird seit dem Mittelalter, wo immer es möglich ist, landwirtschaftlich genutzt. Natürlich sind die Felder heute größer als damals, doch scheinen hier topografisch bedingt auch die LPG der DDR-Zeit nicht übergroß gewesen zu sein. Aus der Luft ist am Zuschnitt der Felder oft schon ersichtlich, dass für typische LPG-Felder“ der Platz nicht ausreichend gewesen wäre. Zwischen den Feldern ist sogar für Feldraine mit Buschbewuchs Platz geblieben. Auch hat man dem

Wald erheblich größere Flächen belassen, als dies weiter nördlich der Fall ist. Landwirtschaft war zunächst die eigenversorgende Lebensgrundlage aller Siedlungsgründungen, da Transporte immer aufwändig und teuer sowie wegen der politischen Zersplitterung umständlich waren. Im Falle des Erzgebirges bewirkte die Wertschöpfung des Bergbaus jedoch einen frühen Bedarf an landwirtschaftlichen Gütern, der in naheliegender Weise die Dörfer im Vorfeld als Nahrungslieferanten einbezog.

Manche schmalen Feldflächen erinnern an die frühere Tradition von Realteilungen, ursprünglich große Feldflächen wurden bei Hofübergaben sukzessive bis zu schmalen „Handtuch"-Breiten aufgeteilt. Dies könnte auch der Grund für die Abfolge der Fischweiher (im Bild Seite 17) sein, es sei denn, einer der Erben hatte diese Bewirtschaftungsentscheidung getroffen und dem Feldbau den Rücken gekehrt. Jedenfalls scheint hier noch mit viel Liebe Fischzucht betrieben zu werden, an Wasser scheint es nicht zu mangeln (die Nordflanke des Erzgebirges leidet schließlich selten an längerem Niederschlagsmangel). Es darf angenommen werden, dass hier Jahr für Jahr mehr Spiegelkarpfen heranwachsen, als im Eigenbedarf verzehrt werden können.

Die Nordflanke des Erzgebirges scheint seit den 1920er-/1930er-Jahren eine Inflation an meist kleinen Stauseen zu haben, sei es zu Trinkwasserzwecken oder für die elektrische Stromgewinnung. Letztere sind in unserer Zeit stark an Wert gestiegen, da elektrischer Strom zu Spitzenzeiten abgegeben und billigerer Überschussstrom zwischengespeichert werden kann. Die vegetationslosen Uferränder zeigen in diesem Zusammenhang dem geschulten Auge die regelmäßigen Schwankungen beim Wasserstand. Windräder sind dagegen eine Erscheinung unserer Zeit und wachsen fast wie Pilze aus dem Boden. Die Kammlagen des Erzgebirges sind außerdem hervorragende „Erntezonen“ mit starken und regelmäßigen Winden. Hier oben weht auch dann ein Wind, wenn unten im Tal ein zäher, unbeweglicher Nebel das Sagen hat.

Der Grenzkamm

Die Erzgebirgs-Kammlinie ist im Groben heute auch die politische Grenzlinie, die Staatsgrenze zwischen Deutschland und Tschechien verläuft meist entlang der Wasserscheide der nord- bzw. südwärts ablaufenden Bäche und Flüsse. Wenn die Kammlinie einmal nicht die Grenze ausmacht, liegt dies daran, dass Böhmen über Jahrhunderte hinweg österreichisches Kronland war und damit die größere Machtposition innehatte. Das Kurfürstentum Sachsen hatte dabei ein Vorrücken der Grenze nach Norden nicht immer verhindern können. Der Grenzverlauf hatte für die Menschen vor Ort keine allzu große Bedeutung, war die Grenze doch durchlässig und die Steuerlast zu beiden Seiten viel zu hoch. Manchmal hatte man das Glück, künstlich geschaffene Preisunterschiede über Schmuggel unterlaufen und zum persönlichen Vorteil nutzen zu können. Meist saß aber die Obrigkeit am längeren Hebel und der „kleine Mann" durfte für die Palastherrlichkeiten in Dresden oder Wien schuften oder, wenn er Pech hatte, einen Tod in Soldatenuniform erleiden.
In den 1980er-Jahren kam es im Erzgebirge zum großen Waldsterben. Zehntausende Hektar Wald fielen allein im Erzgebirge saurem Regen zum Opfer. Hier spielte sich die größte Umweltkatastrophe Mitteleuropas ab. Erzgebirgswälder zeigten sich schnell als düstere Landschaften voller toter Bäume. Hauptverursacher waren u.a. Schwefeleinträge aus den Braunkohlekraftwerken. Den kommunistischen Systemen stand das Wasser zu diesem Zeitpunkt längst bis zum Hals, man stellte nicht die Ursachen ab, sondern versuchte es mit Aufforstungsprogrammen sogenannter „rauchharter" Baumarten. Mitte der 1980er-Jahre unternahmen daher westdeutsche Naturschützer Informationsfahrten ins Erzgebirge – natürlich ohne den korrekten Reisegrund zu nennen. Da im offiziellen Sprachgebrauch kein Waldsterben existierte, wäre eine Einreise andernfalls nicht gewährt worden.

Der Keilberg ist mit seinen 1.244 Metern gleichzeitig der höchste Berg des Erzgebirges. Da er im tschechischen Teil liegt, heißt er seit 1945 offiziell Klínovec. Zusammen mit dem nahe gelegenen Fichtelberg auf sächsischer Seite markiert er ein bedeutendes Wintersportgebiet im Erzgebirge. Das Gipfelplateau ist stark mit Restaurants sowie einem Fernseh- bzw. Richtfunkturm verbaut. Erst 2013 wurde der Aussichtsturm mithilfe von EU-Mitteln wieder hergerichtet, der 17 Meter hohe, oktogonale Steinbau stammte ursprünglich aus dem Jahr 1884 und hieß „Kaiser-Franz-Josef-Aussichtsturm". Acht Steinsäulen tragen über der Aussichtsplattform ein Pyramidendach zum Wetterschutz der Besucher. Nach der Eröffnung des Turms wurden bald Pläne für Unterkunftsmöglichkeiten gemacht, was sukzessive den heutigen Baukomplex hatte entstehen lassen.

Das Grenzdorf Breitenbach (Potůčky) geht auf eine Mühle und ein Hammerwerk zurück, die ab 1540 jeweils das Wasser des Breitenbachs nutzten. Nur eine Generation später waren bereits ein Gasthaus sowie Wohngebäude hinzugekommen; dies war auch die Zeit, als der kleine Ort im sächsisch-böhmischen Grenzgebiet seinen Namen Breitenbach erhielt.

Georgenthal heißt seit der Vertreibung der deutschen Bewohner Český Jiřetín. Zur Zeit der ethnischen Säuberung hatte der Ort bereits eine 350-jährige Geschichte: Gegründet im Jahr 1592 als Holzfällersiedlung, gehörte Georgendorf zu den Bergbauorten des Erzgebirges. Abgebaut wurden Silber-, Kupfer- und Bleierze. Das Jagdschloss Lichtenwald stammt aus der Barockzeit, es dient heute der tschechischen Forstverwaltung zu Lagerzwecken.

◂ Im direkten Grenzgebiet sind heute Ferienhäuser sehr beliebt.

Überall im Erzgebirgswald finden sich noch Spuren des extremen Waldsterbens der 1980er-Jahre. Besonders in den Kammlagen hatte die Luftverpestung der DDR-Betriebe den Bäumen keine Überlebenschance gelassen. ▸

Die ersten Kilometer des Schwarzwasserflusses sind heute nicht mehr von Orten gesäumt, nachdem die deutsche Bevölkerung vertrieben worden ist. Man sieht es diesem Bächlein im Quellgebiet nicht an, dass es im späteren Verlauf ein wichtiger Flößerfluss geworden ist. ◂

◂ Die Talsperre Flaje staut seit 1963 die Flöha auf. Die Nutzung als Trinkwasserreservoir erlaubt keine Öffnung der Wasserfläche für Erholungszwecke. Beim Bau wurde der Ort Flaje überflutet. Nur die Kirche von Flaje wurde nach Georgenthal (siehe S. 23) versetzt, sie ist heute die einzige Holzkirche im Erzgebirge.

▴ Nichts zeigt den verhängnisvollen Aderlass der 1945er-Vertreibung besser als das Ortsbild des Grenzdorfs St. Sebastiansberg. Die Lage des einzelnen Hauses war sicher so nicht geplant, schließlich lag der Ort an der geschäftigen Handelsstraße von Komotau herüber nach Sachsen.

▲
Trotz der Höhenlage finden sich in den Kammlagen immer wieder stehende Gewässer, wie hier bei Kleinhan (Malý Háj). Manche sind natürlich, manche aber auch künstlich angelegt. Immer aber sind es limnologische Kleinode inmitten großer Waldgebiete.

▲

Bis auf wenige Ausnahmen erscheint heute das tschechische Grenzgebiet menschenleer. Viele Orte wurden ganz aufgegeben, ohne dass tschechische Landsleute angesiedelt worden wären. Der Wald hat nicht selten altes Siedlungsland zurückerobert.

Kurz unterhalb der Kirche aus dem 18. Jahrhundert verläuft die Landesgrenze, die Häuser im Vordergrund gehören zu Zinnwald in Sachsen. Der tschechische Name Cínovec bedeutet auch nichts anderes als Zinnwald; dieser Ort wurde jedoch nach 1945 nahezu vollkommen aufgelassen und zerstört. Laut einer Meissener Urkunde könnte das Gründungsjahr der gemeinsamen Bergbausiedlung das Jahr 1134 gewesen sein.

◂ Viel ist nicht mehr übrig geblieben vom Straßendorf Kallich (Kalek). Mitte des 19. Jahrhunderts hatte das Grenzdorf sogar einen eigenen Polizeiposten mit bis zu sechs Beamten, die vor allem das Schmuggeln unterbinden sollten. Die Kirche mit dem Hl. Wenzel als Patron stammt aus dem Jahr 1702. ▸

▲ Kleinhahn war bis 1945 ein Grenzdorf, das nach der Vertreibung bis auf vier Häuser schrumpfte. Im Juni 1945 war hier tschechisches Militär aufgetaucht und hatte acht Männer aus der Gemeinde willkürlich verhaftet und hingerichtet.

◂ St. Katharinaberg soll der Sage nach den Namen erhalten haben, als Silbererz gefunden wurde. Der Grenzort war in den 1930er-Jahren zu 98 Prozent von Deutschen besiedelt. Der 16 Meter hohe Aussichtsturm auf dem Rosenberg und direkt an der Landesgrenze stammt aus dem Jahr 1902.

◂◂ Gebirgsneudorf heißt heute Nová Ves v Horách. Man muss ins Museum in die alte Schule von Deutschneudorf gehen, um mehr über das Leben jenseits der böhmischen Grenze vor 1945 zu erfahren. Das „Haus der erzgebirgischen Tradition“ nimmt den Besucher sozusagen mit auf eine Zeitreise.

◂ Bernau (Zakouti) ist aus einer Holzfällersiedlung hervorgegangen. Um 1350 war diese von zwölf Holzfällerfamilien angelegt worden, die eben dafür von Frondiensten freigestellt waren.

▴ Man braucht heute aus der Luft gar nicht zu suchen, wo der Hauptkamm verläuft, Windräder weisen zunehmend den Weg.

Die Natur hat viel Raum auf dem Grenzkamm des Erzgebirges. Bäche und Flüsse werden jedoch bei fast jeder Gelegenheit gestaut, bevor sie über den Steilabfall in die Ebene nach Süden abstürzen. Křímovský potok ist solch ein Talsperrenbeispiel. Damit folgt auch die böhmische Seite des Erzgebirges der sächsischen.

▲ Unbewaldete Kuppen mit Aussichtsmöglichkeiten laden Wanderer ganz besonders ein, wie hier bei Christophhammer. Die Wanderer im Bild mögen als Größenmaßstab dienen, um aus der Luft die Höhe des Berges abzuschätzen.

In Christophhammer, direkt an der Landesgrenze gelegen, leben heute kaum mehr als 100 Seelen. 1943 waren es noch über 700 gewesen. Zu Beginn der Neuzeit waren Hammerwerke und der Bergbau für den Ort charakteristisch, im 19. Jahrhundert hatte man sich nahezu ganz auf die Textilverarbeitung verlegt.

Böhmisch-Wiesenthal war einmal eine blühende Grenzgemeinde nördlich des Keilbergs, heute zählt der Ort weniger als 100 Einwohner. Der restliche Ort besteht fast ausschließlich aus Wochenendhäusern.

Der Ort mit dem einstigen frommen Namen Gottgab heißt heute Boží Dar. Als sächsische Bergstadt gegründet, kam Gottesgab bereits in der Folge des Schmalkaldischen Krieges (1547) zum Königreich Böhmen. An der Grenzziehung hat sich später nichts mehr geändert. Sicher hätte sich damals niemand vorstellen können, welche Folgen diese Umwidmung vier Jahrhunderte später für die Bewohner haben würde.

◂ Nur ein Friedhof ist geblieben von Böhmisch-Wiesenthal (siehe auch Seite vorher).

Der 1.244 Meter hohe Keilberg ist gleichzeitig der höchste Berg des Erzgebirges (siehe Details auf Seite 22).

In gerade einmal 15 Minuten bringt die Seilbahn übers ganze Jahr Besucher auf den Keilberg und überwindet dabei fast 450 Höhenmeter. Oben angekommen laden ausgedehnte Wanderungen ein, im Winter beginnen hier lange Skiabfahrten. Da auch Räder kostenlos transportiert werden, nutzen Radfahrer die vielen markierten Wege.

Das Baumsterben der 1970er- und 1980er-Jahre traf auch den Keilberg hart. Heute sind die erfolgreichen Aufforstungen unübersehbar.

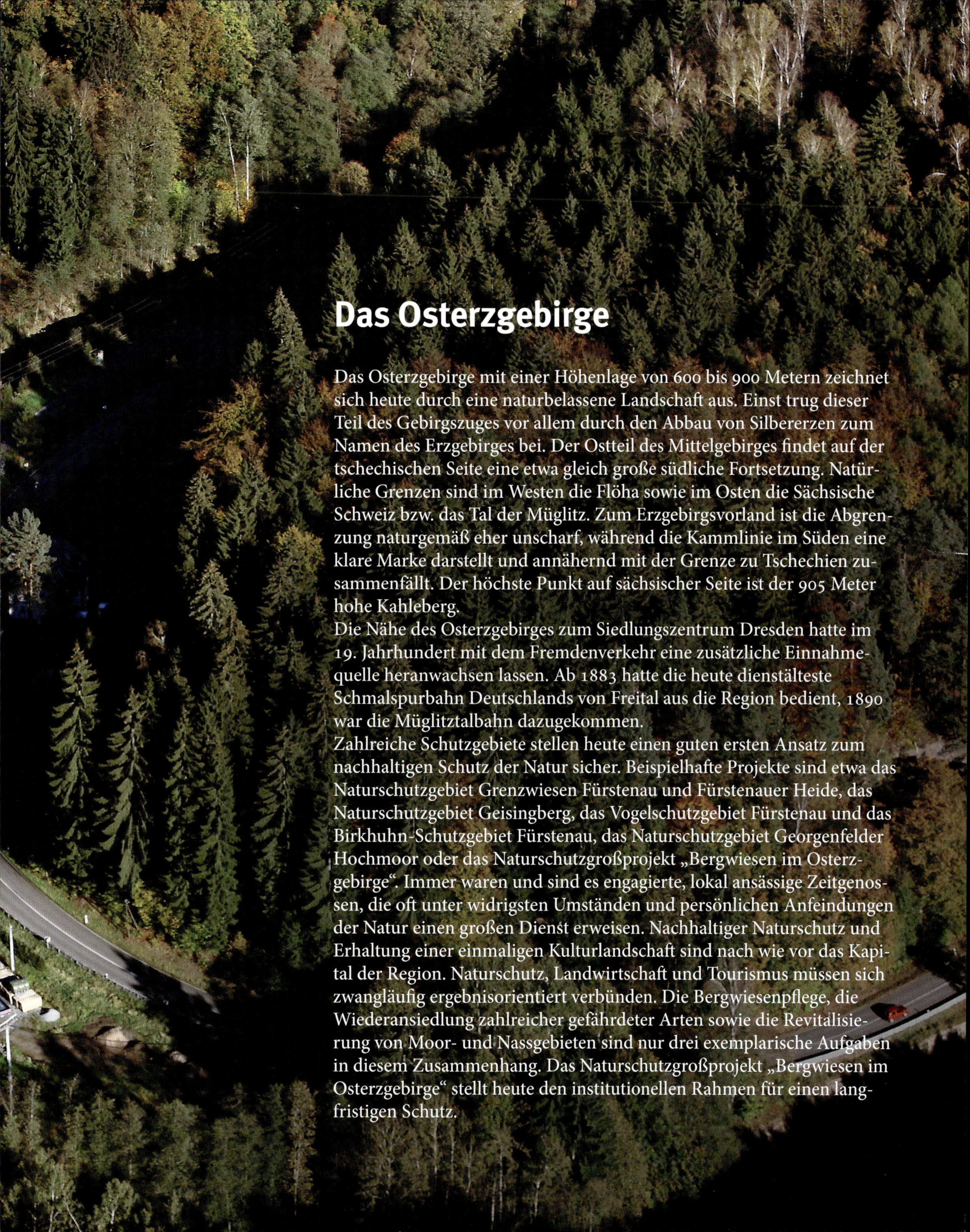

Das Osterzgebirge

Das Osterzgebirge mit einer Höhenlage von 600 bis 900 Metern zeichnet sich heute durch eine naturbelassene Landschaft aus. Einst trug dieser Teil des Gebirgszuges vor allem durch den Abbau von Silbererzen zum Namen des Erzgebirges bei. Der Ostteil des Mittelgebirges findet auf der tschechischen Seite eine etwa gleich große südliche Fortsetzung. Natürliche Grenzen sind im Westen die Flöha sowie im Osten die Sächsische Schweiz bzw. das Tal der Müglitz. Zum Erzgebirgsvorland ist die Abgrenzung naturgemäß eher unscharf, während die Kammlinie im Süden eine klare Marke darstellt und annähernd mit der Grenze zu Tschechien zusammenfällt. Der höchste Punkt auf sächsischer Seite ist der 905 Meter hohe Kahleberg.

Die Nähe des Osterzgebirges zum Siedlungszentrum Dresden hatte im 19. Jahrhundert mit dem Fremdenverkehr eine zusätzliche Einnahmequelle heranwachsen lassen. Ab 1883 hatte die heute dienstälteste Schmalspurbahn Deutschlands von Freital aus die Region bedient, 1890 war die Müglitztalbahn dazugekommen.

Zahlreiche Schutzgebiete stellen heute einen guten ersten Ansatz zum nachhaltigen Schutz der Natur sicher. Beispielhafte Projekte sind etwa das Naturschutzgebiet Grenzwiesen Fürstenau und Fürstenauer Heide, das Naturschutzgebiet Geisingberg, das Vogelschutzgebiet Fürstenau und das Birkhuhn-Schutzgebiet Fürstenau, das Naturschutzgebiet Georgenfelder Hochmoor oder das Naturschutzgroßprojekt „Bergwiesen im Osterzgebirge". Immer waren und sind es engagierte, lokal ansässige Zeitgenossen, die oft unter widrigsten Umständen und persönlichen Anfeindungen der Natur einen großen Dienst erweisen. Nachhaltiger Naturschutz und Erhaltung einer einmaligen Kulturlandschaft sind nach wie vor das Kapital der Region. Naturschutz, Landwirtschaft und Tourismus müssen sich zwangläufig ergebnisorientiert verbünden. Die Bergwiesenpflege, die Wiederansiedlung zahlreicher gefährdeter Arten sowie die Revitalisierung von Moor- und Nassgebieten sind nur drei exemplarische Aufgaben in diesem Zusammenhang. Das Naturschutzgroßprojekt „Bergwiesen im Osterzgebirge" stellt heute den institutionellen Rahmen für einen langfristigen Schutz.

▲
Johnsbach liegt auf der nördlichen Abflachung des Erzgebirges, es wurde als Waldhufendorf um 1200 gegründet. Auch der östlich gelegene Ortsteil Bärenhecke (rechte Seite) stammt wohl aus dieser Zeit. Johnsbach war bis in unsere Zeit ein großer Ort, er hatte 1871 deutlich mehr Einwohner als heute. Um 1551 waren 47 „besessene Männer" registriert, damit waren Vollbauern gemeint, die zum unentgeltlichen Frondienst herangezogen werden konnten. Nach dem Zweiten Weltkrieg erlebte Bärenhecke nochmals eine beachtliche Renaissance, als im Atomfieber der 1950er-Jahre rund 44 Tonnen Uran in einer kleinen Lagerstätte gefördert wurden.

Der Herbst zeigt farbenprächtig, dass das Erzgebirge nicht nur Nadelwald sein Eigen nennt. Allein von der Höhenschichtung gesehen, können hier Laubwälder, Laubmischwälder und Nadelwälder natürlich wachsen. Der Mensch hatte in den vergangenen Jahrhunderten Nadelholz präferiert, heute soll der natürliche Wald wieder mehr Chancen erhalten. ▶

Bärenstein ist heute ein Stadtteil von Altenberg. Das Ortswappen führt fast wie zu erwarten einen schwarzen Bärenkopf. Schloss Bärenstein liegt am Ortsrand hoch über dem Müglitztal, seine Wurzeln lagen in einer Wehrburg zur Überwachung des sächsisch-böhmischen Grenzgebiets. Das Schloss war 1945 von den Sowjets ersatzlos enteignet und bis zur Wende als Schulungs- und Ferienheim einer Blockpartei der DDR genutzt worden. Heute ist es wieder in Privatbesitz.

Glashütte ist ein eindeutiger Ortsname, es gibt ihn mehrmals in Deutschland. Wegen des immensen Holzbedarfs für die Produktion rückten in der Vergangenheit die Glashütten immer näher an den Wald, denn die Grundmaterialien der Glasherstellung (Quarz, Pottasche) waren dann viel leichter zu transportieren (Fortsetzung S. 50).

Im Falle der Glashütte im Erzgebirge wurde bereits 1493 der Flurname Glasberg erwähnt, damals hatte die Region gerade das „Silberfieber“ befallen und auch Glashütte hatte einen schnellen wirtschaftlichen Aufschwung vor sich. Es ist wenig verwunderlich, dass der sächsische Herzog Georg bereits 1556 das Stadtrecht verliehen hatte. Nach der Erschöpfung der Bergbauressourcen kam die Uhrenindustrie in den Ort; die sächsische Regierung hatte 1845 dafür 7.000 Taler Anschubfinanzierung gewährt. 30 Jahre später war die Uhren- und Feinmechanikindustrie zum unbestrittenen wirtschaftlichen Rückgrat der Stadt geworden. Später hatte man fast ein Monopol bei den sogenannten B-Uhren für die Marine oder den Fliegerchronografen. Die Uhrenindustrie ist es auch, die seit 1990 eine Städtepartnerschaft in den Schwarzwald begründet hat.

Die ausgedehnten Waldflächen rund um Altenberg locken Wanderer und Gesundheitsurlauber an. Das Gelände hält zahlreiche Abwechslungen bereit. Die wichtigste Bergstadt des Osterzgebirges hat sich zum beliebten Urlaubsziel entwickelt. Im Winter punktet Altenberg als erstklassiger Wintersportort mit Wettkämpfen im Biathlon, Rennschlitten- und Bobrennen.

Der Große und Kleine Galgenteich bei Altenberg wurden bereits im Mittelalter für den Zinnbergbau angelegt; heute dienen sie dem Hochwasserschutz sowie der Freizeitgestaltung. Auch die Natur scheint zunehmend zu ihrem Recht zu kommen, wie die naturnahe Uferbewachsung an manchen Randbereichen zeigt. Der nachfolgende Speicher Altenburg stammt erst aus der Wendezeit.

Die Kehlkurven des Straßenverlaufs zeigen auch aus der Luft die enormen Steigungen vor allem im Grenzbereich des Erzgebirges (also in dessen Abdachungsbereich).

▲ Man sieht den Häuserzeilen ihren Ursprung in Bergarbeitersiedlungen geradezu an.

Die Kohlhauskuppe (786 Meter) ist erst nach dem letzten Krieg zu ihrem jetzigen Namen gekommen, vorher hatte man immer von der Wettinhöhe gesprochen. Allerdings heißt der Berg im Volksmund wegen der Knoblauchgerichte in der „Bergbaude" nicht selten einfach nur „Knoblauchkuppe".

Geising ist heute ein Stadtteil Altenbergs, doch reicht ihre selbstständige Geschichte bis weit ins Mittelalter zurück. Als Bergarbeitersiedlung gegründet, hatte Geising über Jahrhunderte aus Alt- und Neugeising bestanden, bis 1857 die Zusammenlegung zur Stadt Geising erfolgte. Es waren schließlich die leidigen Finanzen, die Geising 2010 zum Anschluss an Altenberg bewogen hatten.

▲
Fürstenau ist ein typisches Kolonistendorf. Das „Fürst-“ im Ortsnamen stellt den Bezug zum Siedlungsgründer, das „-au“ stellt einen geografischen Raumbezug her (1324 schrieb sich der Ort Voerstenowe).

Auch Fürstenwalde kann schon im Ortsnamen schwer verbergen, dass einst ein hocharistokratischer Mentor hinter der Ortsgründung stand.

Seit dem Fall der Mauer und dem Beitritt Tschechiens zum Schengen-Abkommen eine Investitionsruine: die ehemalige Grenzabfertigungsanlage an der Landesgrenze. ▶

Gottgetreu ist heute ein Ortsteil Altenbergs, er war 1730 in unmittelbarer Grenznähe durch protestantische Exulanten aus Böhmen gegründet worden. Der Ortsname sollte auf die Glaubenstreue der Bewohner hinweisen.

Tharandt ist ein lang gezogener Ort im Tal der Wilden Weißeritz. Er wurde 1816 Hochschulstadt, nachdem Heinrich Cotta die Gründung der königlich-sächsischen Forstakademie betrieben hatte. Sie ist heute Teil der Technischen Universität Dresden (TUD). Der Fachbereich der Tharandter Forstwissenschaften ist damit eine der ältesten forstlichen Fakultäten der Welt und genießen weltweit einen hervorragenden Ruf.

Dippoldiswalde ist ein Mittelzentrum im sächsischen Weißeritzkreis. Der Stadtkern konnte seine mittelalterliche Baustruktur trotz aller Kriege gut erhalten.

◤ Die Talsperre Malter ist mit gut 100 Jahren eine der älteren Sachsens.

◂ Ein riesiger Krater markiert den Ortsausgang von Altenberg, er ist von Menschen gemacht und hat sogar einen eigenen Namen: Die Pinge ist durch den Einsturz einer alten Tiefbaugrube entstanden, die in geringer Teufe (Begriff der Bergmannssprache für Tiefe) vorangetrieben worden war. Altenberg hat ein besonders großes Exemplar davon. Deren Einsturz war aus Kostengründen in Kauf genommen worden.

▴ Waldfrieden liegt über einer engen Flussschleife der Roten Weißeritz. Die Luftbildaufnahme scheint die beiden Namensteile des Ortsnamen untermauern zu wollen.

Lauenstein zählt zu den ältesten Siedlungsgründungen im Osterzgebirge. Deren Burg war noch vor 1300 als Grenzburg castrum Levensteyn errichtet worden. In der beginnenden Neuzeit wurde ein Schloss daraus, Schloss und Stadt Lauenstein waren Mittelpunkt der ausgedehnten gleichnamigen Grundherrschaft, die bis zum Erzgebirgskamm nahe Zinnwald reichte. Heute beherbergt das Schloss das sehenswerte Osterzgebirgsmuseum. Schloss und Stadtkirche sind ausgewählte Stätten für die geplante Kandidatur zum UNESCO-Welterbe „Montanregion Erzgebirge".

Unternaundorf ist eine kleine Siedlung im Tal der Roten Weißeritz.

Hochwasserschutz wird an der Müglitz großgeschrieben, vor allem seit kürzlich zwei schwere Hochwasser allen Anliegerorten Angst und Schrecken eingejagt haben.

Die Gemeinde Freital war 1921 durch die Zusammenlegung mehrerer Orte entstanden. Die Region war für ganz Sachsen wegen des Steinkohlenbergbaus im Döhlener Becken wichtig gewesen.

Der Tharandter Wald macht seinem Namen alle Ehre. Das ausgedehnte Waldgebiet am Rande des Osterzgebirges ist sozusagen der „grüne Hörsaal“ für Tharandter Forststudenten. Dies war nicht immer so: Um 1800 war das gesamte Waldgebiet derart stark heruntergewirtschaftet, dass man sozusagen von vorne anfangen musste. Heinrich Cotta (1763–1844) hat sich dieser Aufgabe angenommen und den konsequenten Waldaufbau nach wissenschaftlichen Grundsätzen eingeleitet. Er gilt seither als einer der maßgeblichen Begründer der deutschen Forstwirtschaft. Dank seines Wirkens wurde der Tharandter Wald schnell zum Modell der nachhaltigen Forstwirtschaft. Bald war die königlich-sächsische Forstakademie gegründet, der forstbotanische Garten entstand, Tharandt wurde zum großen Namen für die Forstwirtschaft.

Das Tal der Freiberger Mulde

Die Freiberger Mulde, ein 125 Kilometer langer Nebenfluss der Mulde, entspringt auf dem Hauptkamm des Osterzgebirges in rund 850 Metern Meereshöhe. Obwohl die Freiberger Mulde ein Nebenfluss eines Nebenflusses (Mulde) der Elbe ist, gibt es geologische Hinweise darauf, dass sie in einem früheren Tal der Elbe ihren Lauf genommen hat. Eiszeiten hatten nämlich das heutige Tal blockiert und die Elbe zu einem Verlauf entlang des jeweiligen Eisrandes gezwungen. Der Flussname Mulde wird gerne mit „Wasserreiche (Milda)" erklärt, die letzten katastrophalen Hochwasser scheinen diese Interpretation der Bezeichnung mehr als zu stützen.

Die Freiberger Mulde offenbart eindrucksvoll unsere veränderten Ansprüche an einen Fluss: Früher nutzte man die Kraft des Wassers als einzige konstant verfügbare Energiequelle, heute wird die Wasserkraft zum Erzeugen elektrischer Energie genutzt und wir suchen die Natur (am liebsten an Flusslandschaften), um uns zu erholen. Das Ortswappen von Mulda zeigt als Symbol der traditionellen Nutzung der Wasserkraft ein schwarzes Mühlrad auf einem blauen Wellenschildfuß. Die Freiberger Mulde war von alters her von großer wirtschaftlicher Bedeutung. Dabei war Mulda im Zuge des hochmittelalterlichen Landausbaus um 1200 von fränkischen Siedlern als Waldhufendorf gegründet worden, das hauptsächlich Ackerbau und Viehzucht betrieben hatte. Die Mulde bestimmte aber immer wieder das Leben des Ortes. Zuletzt hatte der Fluss Mulda bei der „Jahrhundertflut" im August 2002 schwere Zerstörungen zugefügt. Einst waren Teile der Siedlung sogar wieder aufgegeben worden, wie die Wüstung Grüne zeigt.

Auch Clausnitz, in einem Nebental der Freiberger Mulde gelegen, entstand als typisches Waldhufendorf fränkischer Siedler im Zuge der bäuerlichen Binnenkolonisation um 1200. Damals rückte man erstmals den Urwäldern des Erzgebirges systematisch auf den Leib. Der Ort konnte viele seiner Zwei- und Dreiseitengehöfte samt Fachwerkhäusern bewahren. Über die Landwirtschaft hinausgehend wurde auch hier noch im Mittelalter ein Bergbaugebiet erschlossen; es wurden vor allem zwei Erzgänge mit Bleierz-Formationen abgebaut. Seine Blütezeit hatte der hiesige Bergbau im 15. und 16. Jahrhundert, als die geförderten Erze vor Ort auch weiterverarbeitet wurden.

◂ Die Mulde entwässert einen großen Teil der Nordabdachung des Erzgebirges, indem sie die beiden Quellflüsse, die Zwickauer Mulde und die Freiberger Mulde, vereinigt (das Tal Letzterer wird auf beiden Bildern gezeigt). Dadurch schafft sie es zum viertgrößten Nebenfluss der Elbe. Dabei überrascht ihre etymologische Sprachwurzel Milda nicht („die Wasserreiche"). Manche Autoren geben der Mulde daher das Prädikat des am schnellsten fließenden Flusses Mitteleuropas.

▴ Berthelsdorf, in Sichtweite der Freiberger Mulde, ist heute ein Ortsteil von Weißenborn.

Die Talsperre Lichtenberg staut seit 1975 das Wasser der Gimmlitz. Die Sperre hat vierfache Funktion: Trinkwasserversorgung, Hochwasserschutz, Niedrigwasseraufhöhung sowie Stromerzeugung. Der gerade ausgerichtete Steinschüttdamm mit einer bituminösen Außenhautdichtung war in einer zehnjährigen Bauzeit errichtet worden. Ein Turm kurz vor der begehbaren Staumauer dient der Wasserentnahme, kann aber im Hochwasserfall zur Druckentlastung eingesetzt werden. Eine eigene Rohrwasserleitung sorgt für eine Verbindung zur Talsperre Rauschenbach.

◂ Der Lichtenberger Fußballplatz zeigt an vielen Sonntagnachmittagen Hochbetrieb. Der Ort kann mit seinen gut 2.700 Einwohnern offenbar problemlos eine Mannschaft zusammenstellen.

Um 1585 wurde unterhalb der Burg das Schloss Frauenstein errichtet. Zwei wuchtige, senkrecht aufeinanderstoßende Flügel mit je drei Stockwerken stellen das zentrale Gebäude des Renaissanceschlosses dar. Beim großen Stadtbrand von 1728 kam auch das Schloss zu Schaden, die höher gelegene Burg allerdings noch viel mehr. Letztere ist seitdem eine Ruine, man hatte auf einen Wiederaufbau verzichtet.

Der Stadtplatz Frauensteins lässt sofort die planmäßige Gründung erkennen. Die Bürgerhäuser ordnen sich im Rechteck um die zentral gelegene Kirche an. Der Platz lässt viel öffentlichen Raum für Märkte oder Feste. Nicht wenige Städte werden Frauenstein darum beneiden.

Die Stadt Frauenstein war um 1200 von Bergleuten gegründet worden, die hier Silbererze gefunden hatten. Der erste Siedlungsort war jedoch immer durch Hochwasser gefährdet, sodass man sich 1470 zu einer planmäßigen Neusiedlung auf einer Hochfläche in unmittelbarer Nachbarschaft der Burg entschloss. Die Burg selbst hatte bereits vor 1200 bestanden und war wohl eine strategische Gründung gewesen, als nach den ersten Silberfunden von Freiberg (1168) die Mark Meißen ihre Interessensgebiete gegenüber dem Königreich Böhmen abstecken wollte. Beide Seiten hatten damals begonnen, Grenzschutzburgen anzulegen. Burg Frauenberg markierte etwa den halben Weg zwischen Freiberg und der böhmischen Grenze. Vielleicht wollte man sich auf sächsischer Seite besonders absichern, nachdem um 1180 der Silberschatz des Markgrafen durch böhmische Räuber gestohlen worden war.

◂ Mulda war ab 1160 von fränkischen Siedlern gegründet worden. Wirtschaftliche Basis in den Anfangsjahren waren hauptsächlich der Flachsanbau und die Viehzucht. Bergbau wurde in geringem Maße bis etwa 1750 betrieben, allerdings mit vergleichsweise geringen Ausbeuten: Jedenfalls finden sich heute noch Reste von Abraumhalden. Die Lage des Ortes an der Freiberger Mulde hatte vor allem im August 2002 bei der „Jahrhundertflut" extreme Hochwasserschäden zur Folge, nachdem eine sogenannte Vb-Großwetterlage nicht enden wollende Regenfälle gebracht und dem Tal ungeahnte Wassermassen zugeführt hatte. Solche Wetterlagen bringen Tiefdruckgebiete mit sehr feuchten Luftmassen aus dem Mittelmeergebiet zu uns und lassen in relativ kurzer Zeit extreme Niederschläge abregnen.

◂ Oederan ist eine bemerkenswerte Kleinstadt geblieben, obwohl insgesamt 13 früher selbstständige Gemeinden eingemeindet wurden. Die Stadtgeschichte folgte der üblichen Erschließung im Kontext der Bergbauaktivitäten. Ausgehend von einem Waldhufendorf, erlangte der Ort bereits vor dem Jahr 1292 den Status einer Stadt. Obwohl im Mittelalter die Tuchmacherei und die Leinenweberei eine bedeutende Rolle im Wirtschaftsleben der Stadt gespielt hatten, war der Bergbau aus der Stadt nicht wegzudenken: 1583 verlieh der Kurfürst sogar das Privileg einer „Freien Bergstadt". Eine überregionale Besonderheit Oederans ist die kursächsische Halbmeilensäule aus dem Jahr 1722, bestehend aus beständigem Porphyr-Tuffstein. Sie ist Teil der kursächsischen Postmeilensäulen, die landesweit entlang der wichtigsten Straßen aufgestellt waren. Natürlich hatten diese zwischenzeitlich keine Funktion mehr, wurden jedoch in den 1920er-Jahren wieder entdeckt und stehen seither in der Stadtmitte. ▸

Feldwege sind betriebliche Notwendigkeiten in landwirtschaftlichen Nutzflächen. Je größer diese angelegt sind, desto weniger sind davon nötig. Manche können durchaus sehr spartanisch auf die reine Nutzungsphilosophie beschränkt sein, andere erlauben zumindest einer Baumreihe eine Existenz. Manche sind nahezu mit einem Lineal in die Landschaft gezogen, andere folgen dem Geländeverlauf. Es kommt also darauf an, was man daraus macht! Bei der Eisenbahn gab es wenige Alternativen, da Kurvenradien und Steigungsmöglichkeiten von Anfang an begrenzt waren. Deren Etablierung – meistens bereits im 19. Jahrhundert – hatte einen ersten großen Eingriff in die Landschaften bedeutet, zumal damals der technische Fortschritt immer größere Gestaltungsmöglichkeiten erlaubte, die zwangsläufig von Ingenieuren auch eingefordert wurden.

Je weiter man im Erzgebirge nach Norden kommt, desto mehr hat die Landwirtschaft das Regiment übernommen. Es liegt in der Natur der Sache, dass Landwirtschaft bestimmt, was auf einem Feld wachsen darf. Im Idealfall ist es nur eine einzige Pflanzenart und die gibt es dann aber gleich millionenfach. Bleibt ein Baum auf solchen Betriebsflächen stehen, ist dies manchmal schon eine Besonderheit und fällt sofort ins Auge. Gerade bei großen Monokulturen wäre es aber unerlässlich, ökologische Rückzugsfelder zu belassen, Felder können ja keine sterilen Labore sein, die Jahr für Jahr zur Gänze ihrer Pflanzenmassen beraubt werden. Je stabiler Ökosysteme außen herum verbleiben, desto stabiler sind die Bedingungen auf den Feldern, sofern diese nicht überdimensioniert sind.

▲ Wie überall im Land setzt auch die Landwirtschaft im Erzgebirge, wo immer es geht, zunehmend auf Mais. Noch muss man von keiner Vermaisung des Landes sprechen, doch die Bodenbelastung durch diese Monokulturen ist bekannt, von den ökologischen Auswirkungen gar nicht zu reden. Zumindest scheinen die explodierenden Wildschweinpopulationen den Wachstumswünschen mancher Landwirte gewisse Grenzen zu setzen.

Man erwartet sie ja schon gar nicht mehr, dennoch finden sie sich im Erzgebirge immer mal wieder: Feldraine. Ursprünglich waren sie bloße Feldgrenzen, die sich der Nutzung entzogen haben, ohne dass man ihren ökologischen Wert auch nur geahnt hätte. Heute würden wir uns viele davon wünschen! ◥

Frankenstein ist heute ein Ortsteil von Oederan. Das Besondere an der Kirche Frankensteins ist die berühmte Orgel von Gottfried Silbermann (1683–1753), dem bedeutendsten mitteldeutschen Orgelbauer der ganzen Barockzeit. Sein Handwerk erlernte er im elsässischen Straßburg. Nach seiner Rückkehr nach Frauenstein baute er seine erste Orgel – und zwar unentgeltlich, für sein „Vaterland, Gott zu Ehren und der Kirche zu Liebe". ▶

Die Lichtenberger Kirche wurde unmittelbar nach dem Dreißigjährigen Krieg (1648) im frühen Barockstil erbaut. Lichtenberg war wie viele Orte der Umgebung als Waldhufendorf gegründet worden. Später spielte der Bergbau hier eine wichtige Rolle. Diese Geschichte wird heute im Besucherbergwerk „Trau auf Gott Erbstolln" wachgehalten, einem Ende des 18. Jahrhunderts aufgefahrenen Stollen. Zahlreiche Jahres- und Gangtafeln, Gedinge- und Vortriebszeichen bringen hohe Authentizität in den Stollen.

Aus der Luft lassen sich Sondernutzungen wie Motocross-Bahnen nicht verheimlichen.

So stellt man sich Flusstäler der früheren Zeit vor; die Natur und die Landwirtschaft hatten ihr Auskommen miteinander.

Memmendorf war ein lokales Rittergut samt richterlicher Gewaltbefugnis- Dies erlaubte den Besitzern, die Legislative und Exekutive gleichzeitig zu sein. Erst die Revolution von 1848 beseitigte diese missbrauchsanfällige Gesetzeslage. In mehreren Bergwerken mit wohlklingenden Namen schürfte man nach Bodenschätzen: „Hilfe Gottes Erbstolln", „Segen Gottes Spat Schacht", „Segen Gottes Stollenmund", „Hilfe Gottes" oder „Neuer Segen Stollenmund".

Die Natur muss heute schon große Geschütze auffahren, um eine Ökoinsel zu erhalten, zu sehr stören solche Kleinode den betrieblichen Ablauf der Landwirtschaft.

Die Pretzschendorfer Kirche lässt von außen kaum erahnen, welches barocke Kleinod im Inneren zu finden ist: Zwischen 1732 und 1734 wurde das quer gerichtete Achteck des Kirchenschiffs errichtet und ist seither eine Augenweide für Kirchgänger und Besucher.
Oberschöna besteht aus fünf Dörfern und einer Eisenbahnsiedlung. Die Gründung ist mit einer Stiftungsurkunde eines Klosters belegt; sie fand 1162 planmäßig statt und basierte auf einer markgräflichen Schenkung von sage und schreibe 20.000 Hektar Urwald. Anschließend hatte man Siedler aus Franken, Schwaben und Thüringen angeworben. Urwald war damals herrenloses Gebiet, wer ihn (als Aristokrat) roden ließ, wurde sein Besitzer. Warum etwas verschenkt werden konnte, was noch keinem gehörte, wird wohl ein Aristokratenrätsel bleiben müssen.

Die Talsperre Klingenberg wurde noch vor dem Ersten Weltkrieg gebaut und 1914 in Betrieb genommen. Daher wurde sie ursprünglich auch nach dem letzten sächsischen König auf den Namen Friedrich-August-Talsperre getauft. Aufgestaut wurde die Wilde Weißeritz, die 1897 ein verheerendes Hochwasser ausgelöst hatte. Die Talsperre war also Teil eines frühen Hochwasserschutzkonzepts. Das maximale Stauvolumen beläuft sich auf gut 17 Millionen Kubikmeter, die Wasserfläche summiert sich auf 116 Hektar. Erst knapp 100 Jahre später musste eine aufwändige Sanierung erfolgen, der Stauspeicher war daher von 2009 bis 2012 komplett abgelassen. Nicht überraschend hatten die Sanierungskosten die ursprünglichen Baukosten erheblich überschritten.

Wer kennt sie nicht, die Bergstadt Freiberg? Acht Jahrhunderte lang hatte der Bergbau die Stadtgeschichte geprägt, bevor heute ein Strukturwandel zum Hochtechnologiestandort stattfindet (Freiberg gehört heute zum Silicon Saxony). Die Stadt hat nicht nur der Freiberger Mulde den Namen gegeben, Freiberg war im Hochmittelalter die größte Stadt der Mark Meißen und hat mit ihren Silberlagerstätten das Kurfürstentum Sachsen wohlhabend gemacht. Der Bergbau war es auch, der 1765 die Gründung der Bergakademie angeschoben und damit eine der weltweit ältesten bergbautechnischen Hochschulen geschaffen hatte. Nach Freiberg wurde 1853 sogar ein Mineral benannt (Freibergit).

Schon bald nach der Rodungsfreigabe für Waldhufendörfer wurden (um 1168/70) silberhaltige Bleierze entdeckt, was das neu gegründete Freiberg schnell zur mittelalterlichen Großstadt heranwachsen ließ. Nicht einmal 50 Jahre nach der Gründung war Freiberg so groß wie das viel ältere Leipzig. Die Erzlagerstätte wurde später Freiberger Zentralrevier betitelt und stellte sich als gigantische, rund 35 × 40 Kilometer große Ganglagerstätte heraus, die sich als wahre Schatzgrube von Edel- und Buntmetallen erwies.

Das Tal der Flöha und Zschopau

Die rund 67 Kilometer lange Flöha ist ein Nebenfluss der Zschopau, obwohl Letztere an der Mündung etwas größer ist. Das Flöhatal leitet zum mittleren Erzgebirge über. Ihre Quelle am Erzgebirgskamm ist jeweils nur rund einen Kilometer von der Quelle der Wilden Weißeritz und der Freiberger Mulde entfernt. Bald danach speist sie die rund 115 Hektar große Talsperre Rauschenbach, deren Rückstau bis nach Tschechien reicht. Ihre Betonstaumauer wurde in den 1960er-Jahren über einer Betonplatte auf dem Seegrund errichtet. Stahlseile verspannen sie seither mit der Staumauer. Im Stauwurzelbereich musste eine gut 250 Meter Spannbetonbrücke gebaut werden; sie war die erste größere Brücke dieser Art in der DDR, die Ähnlichkeit zur kurz zuvor errichteten Sylvensteinsee-Brücke in Oberbayern war sofort augenfällig. Gehalten hat sie allerdings nicht einmal 40 Jahre: Wegen Baumängeln musste sie 2002 gesprengt und durch einen Neubau ersetzt werden. Dass der Neubau gerade im Hochwasserjahr 2002 vonstattenging, erwies sich als besonderer Glücksfall für die Region. Der hintere Teil des Stauraums war zu dieser Zeit trockengelegt, sodass die Talsperre alle anfallenden Wassermassen komplett aufnehmen konnte.

Das dominante Schloss Augustusburg ist als weithin sichtbares Jagdschloss aus den Jahren um 1570 unübersehbar. Dabei war es nur als Jagdschloss gedacht, es sollte aber schon seit Bauzeiten die führende Stellung des Kurfürsten in der Region repräsentieren. Der Komplex auf der hohen, isolierten Bergkuppe baut auf einen quadratischen Grundriss mit vier Eckgebäuden rund um einen Hof herum auf. Über die Errichtung der Burg und die dabei entstandenen Schwierigkeiten sind wir heute gut informiert: Der Kurfürst wollte es nach italienischem Vorbild bauen, die Urheberschaft der Entwürfe wird dem Kurfürsten selbst zugeschrieben. Traditionelle Schlossbauten des Kurfürstentums Sachsen sollten kein Vorbild hierfür sein. In nur fünf Jahren entstanden sukzessive die einzelnen Schlossgebäude, einschließlich der Verbindungstrakte und Torbauten. Enttäuscht über den langsamen Fortschritt des Bauvorhabens sowie die davonlaufenden Kosten hatte der Kurfürst auch seinen Baumeister entlassen. Die festliche Einweihung der Burg fand 1572 statt. Es sollte noch Jahre dauern, bis man einen sicheren Wasserzugang gewährleisten konnte: Den notwendigen Brunnenbau schlugen Bergleute in den Felsen, später mussten ertappte Wilderer diese Arbeit fortsetzen. Erst in einer Tiefe von gut 130 Metern stieß man schließlich auf Wasser.

Der Schattenwurf im Gelände zeigt klar, dass das Erzgebirge kein flaches Land ist. Es ist aber auch kein Hochgebirge (mehr), der Zahn der Zeit hat seine Erosionsmöglichkeiten voll ausgeschöpft. Des Weiteren zeigen die Luftaufnahmen, dass der Mensch über all die Jahrhunderte dem Wald wo immer möglich zu Leibe gerückt ist. Waldbesitz ist traditionell die „Sparbüchse" des Landwirts, aus der Feld- und Grünwirtschaft können jedoch jährlich Erträge abgezogen werden. Die Geländestruktur erlaubt keine großflächige Landwirtschaft, klein strukturierte Felder lassen ein stabiles Ökosystem erwarten. Was für Agrarökonomen wahrscheinlich ein Graus ist, ist für die Ökologie also eher ein Segen.

Kleine Anfänge, große Effekte, so könnte man die Bilder dieser Doppelseite kommentieren. Dabei liegen die meisten Stauseen im Oberlauf der Erzgebirgsflüsse, wie hier am Beispiel der Talsperre Rauschenbach zu sehen ist. Hier wird der Oberlauf der Flöha seit 1968 zur Trinkwasserversorgung aufgestaut; für den Bau mussten fast 200 Einwohner umgesiedelt werden. Die Stauwurzel reicht mit rund 15 Hektar Wasserfläche bis nach Tschechien. Offenbar scheinen bei den diversen Talsperren verschiedene Ingenieure zum Einsatz gekommen zu sein. Die Staumauer der Talsperre Rauschenbach fußt auf einem besonderen Konstrukt, sie verfügt nämlich über eine sogenannte Schleppplatte auf dem Seegrund, die mit der Staumauer über Stahlseile verspannt ist.

Schloss Purschenstein ist aus einer mittelalterlichen Zoll- und Geleitsburg am „alten Böhmischen Steig" hervorgegangen. Naturgemäß gab es ein häufiges Auf und Ab, mehrere Zerstörungen und Prozesse um Erbverteilungen eingeschlossen. Nur der alte 42 Meter hohe Bergfried aus dem späten 13. Jahrhundert mit seinen 2,85 Meter dicken Mauern scheint dies weitgehend unbeschadet überstanden zu haben. Die letzte Enteignung und Plünderung geschah 1945 unter sowjetischer Aufsicht. Wenige Monate vor der Wende brannten schließlich große Teile des Schlosses aus. Das Schloss wurde immer wieder aufgebaut. Heute beherbergt es ein Schlosshotel der gehobenen Kategorie mit Restaurant und Wellnessbereich.
Leubsdorf ist eine Flusstalgemeinde an der Flöha, hervorgegangen aus einem Waldhufendorf.

◂ Die Stadt Wolkenstein liegt hoch über der Zschopau, sie hat ihren Namen von der Burg Wolkenstein bekommen („Die Burg steht auf einem Stein, der bis in die Wolken zu ragen scheint"). Der Ort dürfte aus einem Flößerplatz hervorgegangen sein, der bereits 1323 eine Stadt („oppidum") geworden war. Zahlreiche alterwürdige Gebäude sind erhalten, das Mühltor markiert ein historisches Stadttor. Der Markt schließt das Rathaus mit dem Ratskeller ein, den Marktplatz ziert die rekonstruierte kursächsische Postdistanzsäule.

▴ Die markante Höhenburg hatte verschiedene Besitzer und Nutzungen, trotz des wehrhaften Aussehens war der Burgkomplex bereits 1372 als slosz beschrieben worden. Im 20. Jahrhundert war es zunächst königlich-sächsisches Amtsgericht, später eine Strafanstalt sowie eine Wohnburg. Bereits in den 1960er-Jahren war eine Heimatstube mit Handwerkerräumen eingerichtet, in den 1980er-Jahren kam ein landeskundliches Kabinett mit einer Volkskunstschule hinzu. Nach der Wende wurde die Heimatstube zu einem städtischen Heimatmuseum vergrößert; seither erinnert das Museum Schloss Wolkenstein vor allem an die Zeit der wettinischen Herrschaft.

Burg Scharfenstein gehört heute zur Sächsischen Schlösserverwaltung. Nach einer aufwändigen Sanierung wurde sie zum Museum umgebaut und ist damit erstmals seit 1945 wieder für die Öffentlichkeit zugänglich. Der Bergfried kann erklommen und zur Aussicht genutzt werden. Die Anfänge der Burg gehen bis 1250 zurück, als neun Dörfer dem Burgherrn zinspflichtig waren. Viele Besitzer folgten, bis die Burg 1945 ersatzlos enteignet und in ein Kinderheim für schwer erziehbare Jungen umgewandelt wurde.

Schloss Wildeck ist ein ehemaliges Jagdschloss über der Zschopau. Ein unregelmäßig dreiseitig angelegter, schmaler Flügel umgibt den Hof mit dem Bergfried „Dicker Heinrich". Der Treppenturm heißt im Volksmund „Schlanke Margarete".

Heute sieht man der Stadt Zschopau den großen Stadtbrand von 1748 nicht mehr an, der innerhalb von drei Stunden nahezu die gesamte Innenstadt zerstört hatte. Nur das Schloss blieb auf wunderbare Weise unbeschadet. Der Wiederaufbau orientierte sich an den historischen Vorgaben, selbst die Kirche wurde unter Erhaltung der spätgotischen Umfassungsmauern und großer Teile des mittelalterlichen Grundrisses wieder aufgebaut, ohne allerdings dem Dresdner Barockstil zu entsagen. Die Orgel aus dieser Zeit des Wiederaufbaus ist bis heute nahezu unverändert erhalten, sie nimmt für sich in Anspruch, die drittgrößte Barockorgel Sachsens zu sein.

Einsiedel war in den letzten Kriegsmonaten von den Alliierten zu 93 Prozent zerstört worden. Der Ort war damit die am stärksten zerstörte Gemeinde des gesamten Erzgebirges. ▸

Augustusburg ist ein alles beherrschendes Jagdschloss aus den Jahren um 1570. Zur weithin sichtbaren Schlossanlage gesellt sich der gleichnamige Ort Augustusburg (links). Der Bau wurde unmittelbar nach dem Sieg im Grumbachschen Händel begonnen, in dem der sächsische Kurfürst die Reichsacht vollstreckt und enormen Gebietsgewinn eingestrichen hatte. Die neu gewonnene wirtschaftliche Basis wollte das kurfürstliche Sachsen in einem repräsentativen Schloss für jedermann sichtbar kundtun.

◂ Die Zschopau ist ein 130 Kilometer langer Zufluss zur Freiberger Mulde, sie entspringt in 1.070 Metern Meereshöhe am Nordhang des Fichtelberges. In ihrem Lauf überwindet sie einen Höhenunterschied von rund 970 Metern.

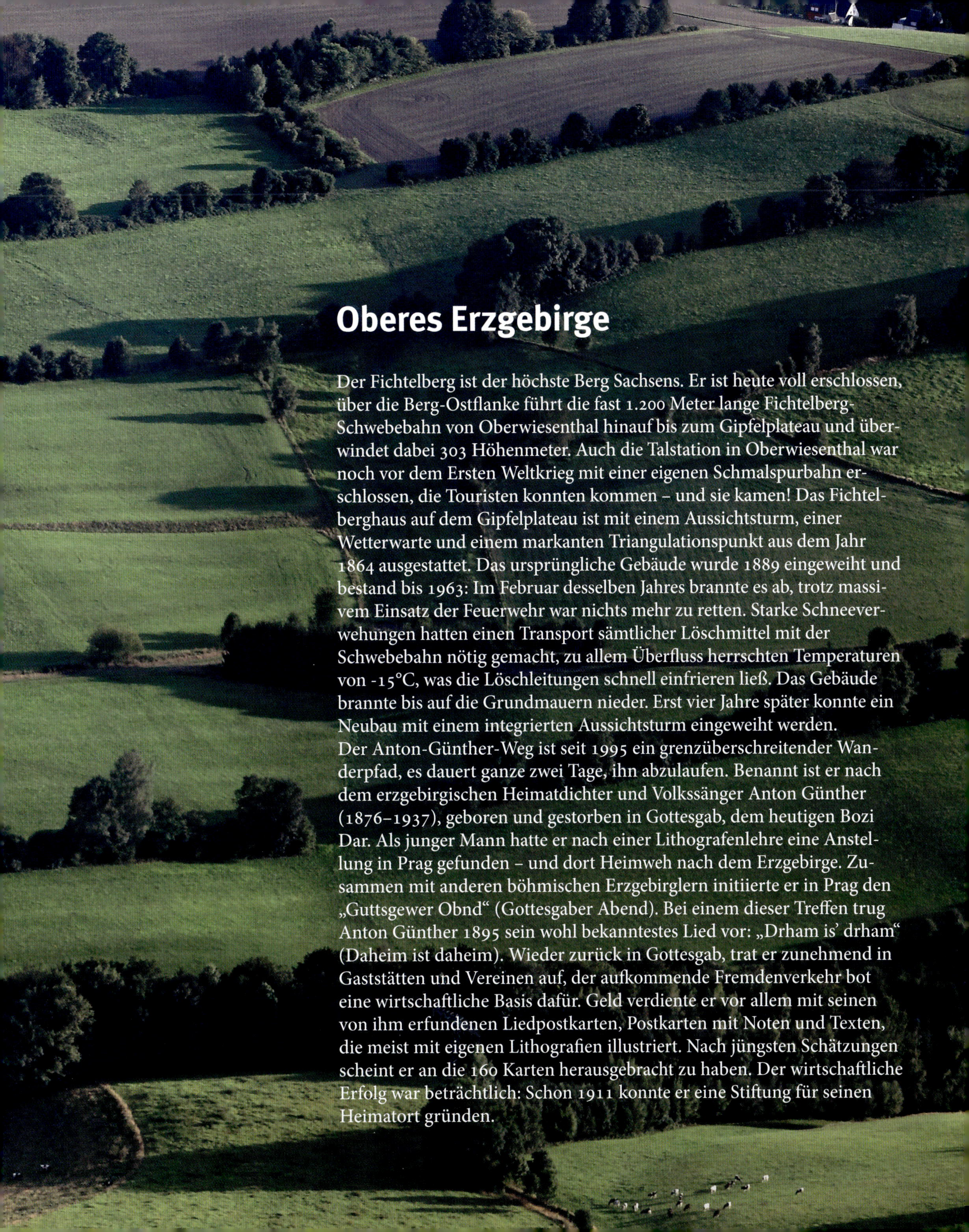

Oberes Erzgebirge

Der Fichtelberg ist der höchste Berg Sachsens. Er ist heute voll erschlossen, über die Berg-Ostflanke führt die fast 1.200 Meter lange Fichtelberg-Schwebebahn von Oberwiesenthal hinauf bis zum Gipfelplateau und überwindet dabei 303 Höhenmeter. Auch die Talstation in Oberwiesenthal war noch vor dem Ersten Weltkrieg mit einer eigenen Schmalspurbahn erschlossen, die Touristen konnten kommen – und sie kamen! Das Fichtelberghaus auf dem Gipfelplateau ist mit einem Aussichtsturm, einer Wetterwarte und einem markanten Triangulationspunkt aus dem Jahr 1864 ausgestattet. Das ursprüngliche Gebäude wurde 1889 eingeweiht und bestand bis 1963: Im Februar desselben Jahres brannte es ab, trotz massivem Einsatz der Feuerwehr war nichts mehr zu retten. Starke Schneeverwehungen hatten einen Transport sämtlicher Löschmittel mit der Schwebebahn nötig gemacht, zu allem Überfluss herrschten Temperaturen von -15°C, was die Löschleitungen schnell einfrieren ließ. Das Gebäude brannte bis auf die Grundmauern nieder. Erst vier Jahre später konnte ein Neubau mit einem integrierten Aussichtsturm eingeweiht werden.

Der Anton-Günther-Weg ist seit 1995 ein grenzüberschreitender Wanderpfad, es dauert ganze zwei Tage, ihn abzulaufen. Benannt ist er nach dem erzgebirgischen Heimatdichter und Volkssänger Anton Günther (1876–1937), geboren und gestorben in Gottesgab, dem heutigen Bozi Dar. Als junger Mann hatte er nach einer Lithografenlehre eine Anstellung in Prag gefunden – und dort Heimweh nach dem Erzgebirge. Zusammen mit anderen böhmischen Erzgebirglern initiierte er in Prag den „Guttsgewer Obnd“ (Gottesgaber Abend). Bei einem dieser Treffen trug Anton Günther 1895 sein wohl bekanntestes Lied vor: „Drham is' drham“ (Daheim ist daheim). Wieder zurück in Gottesgab, trat er zunehmend in Gaststätten und Vereinen auf, der aufkommende Fremdenverkehr bot eine wirtschaftliche Basis dafür. Geld verdiente er vor allem mit seinen von ihm erfundenen Liedpostkarten, Postkarten mit Noten und Texten, die meist mit eigenen Lithografien illustriert. Nach jüngsten Schätzungen scheint er an die 160 Karten herausgebracht zu haben. Der wirtschaftliche Erfolg war beträchtlich: Schon 1911 konnte er eine Stiftung für seinen Heimatort gründen.

Die Talsperre Saidenbach ist Teil des Zweckverbandes Fernwasser Südsachsen. Das Stauwasser wird aus vier kleinen Bächen gesammelt. Die gekrümmte Staumauer stammt aus den frühen 1930er-Jahren und folgte dem sogenannten Intze-Prinzip, das im Bereich des höchsten Wasserdrucks für zusätzliche Abdichtung sorgen sollte (dies wird heute als wirkungslos eingeschätzt).
Der Ortsname Waldkirchen ist selbsterklärend, es gibt ihn öfter im Land. Der Zusatz Waldkirchen/Erzgebirge ist hilfreich. Gründungen im Wald brauchten eine Kirche, die gleichzeitig dominante Ortsmarken wurden. Die Siedlung selbst war ein typisches Waldhufendorf, dessen Bauernhöfe rechts und links des Dorfbaches oder der Dorfstraße angelegt waren.

Die Talsperre Neunzehnhain mit einer 150 Meter langen Krone kann fast 20.000 Kubikmeter Wasser zurückhalten.

Das Kalkwerk Lengefeld ist heute ein technisches Denkmal der alten Bindemittelindustrie.

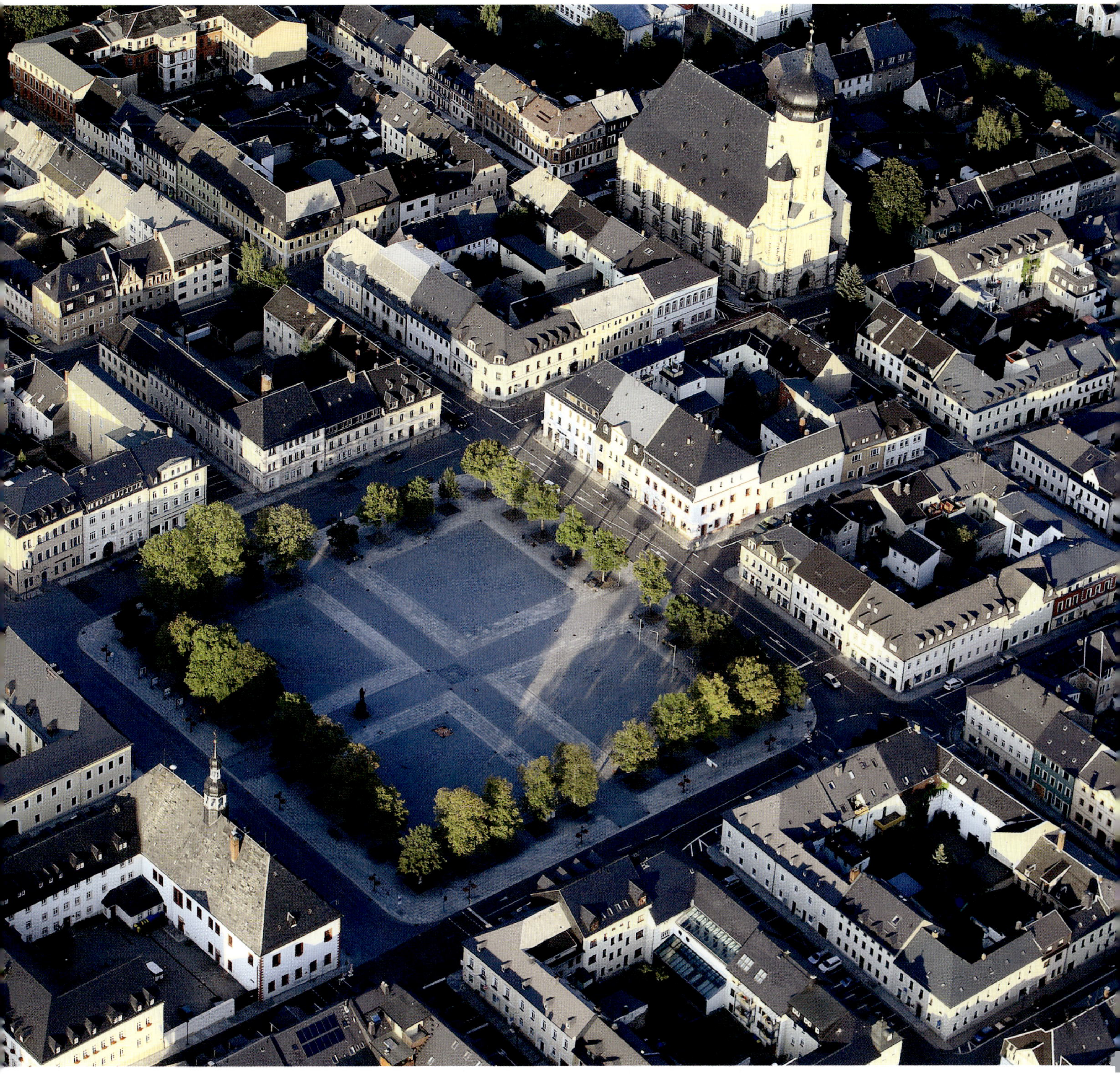

Die Bergstadt Marienberg besitzt einen ein Hektar großen Stadtplatz sowie einen rechtwinklig angelegten, historischen Stadtkern. Das Marienberger Bergmagazin beherbergt seit 2006 das Museum des sächsisch-böhmischen Erzgebirges; es diente ursprünglich als Getreidespeicher für Bergleute und die Bewohner. Man wollte damit gezielt mögliche Missernten überbrücken helfen.

Flöha ist seit 1933 Stadt. Die Kleinstadt am gleichnamigen Fluss (und dem Zusammenfluss mit der Zschopau) hatte sich durch Gemeindezusammenschlüsse zur Stadt formiert. Das Stadtwappen symbolisiert den Zusammenfluss der beiden genannten Flüsse: Zwei Frauen tragen je einen kupferfarbenen Wasserkessel, aus dem sich silbernes Wasser ergießt. Einer der Wasserkessel wird dabei höher getragen, schließlich entspringt die Zschopau am Fichtelberg aus einer höher gelegenen Quelle als die Flöha. Der am Ortsausgang gelegene Hetzdorfer Viadukt verdeutlicht den tiefen Einschnitt des Tals.

Gornau ist eine typische Streusiedlung entlang einer Straße. Wie viele andere Orte im Erzgebirge ist man sehr stolz auf das Pyramidenanschieben, das um den Ersten Advent feierlich begangen wird. Ursprünglich handelte es sich um für den häuslichen Gebrauch angefertigte Weihnachtspyramiden, seit den 1930er-Jahren wurden diese als große Freilandpyramiden hergestellt. Im Falle Gornaus ist es eine vier Meter hohe Stabspyramide, die 1977 von Bürgern angefertigt worden war, für das Getriebe hatte man

teilweise alte Autoteile verwendet. Seither sorgt eine Interessengemeinschaft Pyramidenbau für den alljährlichen Aufbau und den reibungslosen Ablauf.

Der 832 Meter hohe Pöhlberg ist der Haus- und Aussichtsberg von Annaberg. Er wurde erst im Zusammenhang mit der 400-Jahr-Feier erschlossen, seither befinden sich auf dem Gipfel eine Ausflugsgaststätte mit Hotel und ein 35 Meter hoher Aussichtsturm. Nicht überraschend entdeckt man am Pöhlberg viele Spuren des historischen Bergbaus. In diesem St. Briccius genannten Bergbaugebiet waren Zinn-, Silber- und Kupfererze abgebaut worden. Etwas makaber mag heute klingen, dass im Ersten Weltkrieg im fernen Frankreich (genau bei Reims) eine stark umkämpfte Erhebung wegen ihrer Ähnlichkeit mit dem Pöhlberg von den sächsischen Truppen schlicht Pöhlberg betitelt worden war. Dabei hatte am Pöhlberg 1923 auch ein Feuergefecht stattgefunden, das als Pöhlbergschlacht überliefert ist.

Annaberg-Buchholz ist eine Bergbaustadt. Annaberg wurde 1496 gegründet, nachdem kurz zuvor am nahen Schreckenberg reiche Silbererzgänge entdeckt worden waren. Diese „Newe Stat am Schrekenbergk“ hatte Stadtrecht, es dauerte aber noch einige Jahre, bis 1589 „Schreckenberg, hernach S. Annenberg genennet worden“ war. Dieses Annaberg wuchs schnell an, der Silberbergbau lockte ständig weitere Bergleute an. Annaberg wurde nach Freiberg schnell zur zweitgrößten Stadt im Erzgebirge. Auch berühmte Namen waren unter den Neubürgern: Adam Ries etwa lebte hier bis zu seinem Lebensende als Rechenmeister und Bergbeamter. In Sichtweite zu Annaberg war bald Buchholz entstanden. Da beide Orte zu unterschiedlichen Staatsgebieten gehörten (Buchholz zum ernestischen Sachsen, Annaberg zum albertinischen Sachsen), kam es mit der Reformation zu Problemen: Annaberg blieb katholisch, Buchholz wurde protestantisch. In den 1920er-Jahren waren mehrere Versuche an politischen Vorbehalten jeweils einer Seite grandios gescheitert, man wollte eingemeinden, aber nicht zusammengehen. 1945 kam es schließlich auf Anweisung der sowjetischen Besatzungsmacht zur Zusammenlegung beider Städte.

Die zentrale Kirche Annabergs ist die monumentale Kirche St.Anna. Dieses spätgotische, 65 Meter lange Gotteshaus ist die größte reine Hallenkirche Sachsens und das unbestrittene, weithin sichtbare Wahrzeichen der Stadt. Durch die Verwendung von örtlichem Gneis wirkt die Kirche fast festungsartig. Die Kirchenpatronin ist die Schutzheilige der Bergleute, Anna wurde gleichzeitig zur Namensgeberin der Stadt. Die Kirche wurde schon in den Gründungsjahren zum religiösen Zentrum im albertinischen Sachsen. Die Symbolik in der mittelalterlichen Vorstellung war konsequent: Christus symbolisiert das Gold (und die Sonne), seine Mutter Maria das Silber. Folgerichtig musste die Mutter von Maria (nämlich Anna) das Silbererz hervorgebracht haben. Daher war es nur folgerichtig, dass Anna auch als Helferin in Geldnot fungieren sollte. Die Kirche entstand in den allerletzten Jahrzehnten der Gotik, dank des schnellen Baufortschritts wurde sie auch als gotische Kirche vollendet (obwohl in ihren letzten Baujahren schnell der Protestantismus aufkam, der der Gotik den Todesstoß versetzte). In den Bauformen und Gewölbevarianten ist eine typische spätgotische, streng nach oben strebende Formensprache vorherrschend.

◂ Der Stadtplatz in Annaberg wird wie zu erwarten vom Rathaus dominiert. Es stammt in seiner heutigen Form aus der Zeit um 1750, hatte aber frühere Bauten ersetzt, die teils sogar nur in Holz ausgeführt waren. Der Hofarchitekt Sachsens persönlich wurde für das jetzige Annaberger Rathaus beauftragt, es wurde ein dezentes barockes Rathaus. Ursprünglich hätte es ein kompletter Neubau werden sollen, doch wurden letztlich Elemente der Vorgängerbauten integriert. Das sogenannte Berghauptmannszimmer ist vor allem wegen seiner reichen Ausmalungen berühmt, die allerdings erst vor einigen Jahrzehnten unter diversen Übermalungen wiederentdeckt worden waren.

▴ Das jetzige Fichtelberghaus ist neueren Datums, nachdem 1963 der größte Teil des Vorgängerbaus einem Feuer zum Opfer gefallen war. Die DDR hatte dafür zwölf Millionen Mark zur Verfügung gestellt, Einrichtungen für insgesamt 600 Gäste wurden in die Planungen aufgenommen. Die Stirnwand des Salons sollte das Sportleben auf dem Fichtelberg portraitieren. Dennoch kam es nach der Wende zu einem erneuten Umbau, der das alte Gebäude wieder mehr herausstellte. Ein neu errichteter 31 Meter hoher Aussichtsturm rundet seitdem das Ensemble ab.

Schloss Schlettau ist ein Herrenhaus innerhalb eines abgerundeten Parks. Aufgrund seines Alters verbindet es naturgemäß gotische, neugotische und barocke Elemente und schließt einen Renaissance-Mittelteil ein.

Hammerunterwiesenthal ist ein Ort direkt an der Landesgrenze. Das Hammerwerk Schlössel hatte laut einer Holzordnung im Jahr 1560 einer Nürnbergischen Gesellschaft gehört. Ursprünglich nur eine solitäre Einrichtung, kamen 1657 Glaubensflüchtlinge aus Böhmen dazu und trugen zur Vergrößerung des Orts bei. Insgesamt hatten damals 335 Familien ein Gesuch gestellt, sich in der Nähe des Hammerwerks niederlassen zu dürfen. Zwar wollte man von der Obrigkeit gleich eine ganz neue Siedlung gründen, sowohl Ober- als auch Unterwiesenthal hatten jedoch erfolgreich Einspruch eingelegt.

Man sieht dem modernen Teil Oberwiesenthals die Beliebtheit bei den Touristen an, jeder Besucher möchte ein Dach über dem Kopf haben. Kompakte, mehrstöckige Häuser sind die logische Folge.

Das Westerzgebirge

Die 167 Kilometer lange Zwickauer Mulde vereinigt sich im Westerzgebirge mit der 125 Kilometer langen Freiberger Mulde zur Mulde, die 147 Kilometer später selbst in die Elbe mündet. Mit diesen zwei großen Quellflüssen wird die Mulde zum viertgrößten Nebenfluss der Elbe. Mit dieser Eigenschaft macht sie ihrem Namen alle Ehre, da dessen Übersetzung nichts anderes bedeutet als „Wasserreiche". Die Zwickauer Mulde wird ihrerseits von zwei Quellbächen gespeist, der Roten und der Weißen Mulde; beide kommen aus dem Vogtland. Der Ober- und Mittellauf der Mulde ist kaum verbaut, wechselnde Strömungsgeschwindigkeiten in einem oft sehr naturnahen Flussbett erlauben heute vertretbare Gewässergüteklassen. Dass dies nicht immer so war, ist angesichts der früher kaum geklärten schwermetallhaltigen Abwässer einleuchtend. Hier hatte sich die Stilllegung zahlreicher industrieller Anlagen nach dem Mauerfall, gepaart mit moderner Abwasserklärung, segensreich ausgewirkt. Sieht man die kiesigen Flussbette, glaubt man gerne, dass der Flusssand sogar schwach goldhaltig ist.

Die Talsperre Eibenstock weist nicht nur das größte Fassungsvermögen, sondern auch die höchste Absperrmauer ganz Sachsens auf. Auf dem Gebiet der neuen Bundesländer ist sie die zweitgrößte Trinkwassertalsperre. Erste Pläne für den Bau gehen auf das Jahr 1908 zurück, damals hatte man deswegen auf die Errichtung einer Industrieanlage verzichtet. Mitten im Ersten Weltkrieg wurden Vorarbeiten für die Talsperren angekündigt. Gebaut wurden sie dennoch erst zwischen 1974 bis 1982. Dafür musste der Ort Muldenhammer weichen, ebenso musste eine Eisenbahnstrecke neu trassiert werden.

Die Talsperre Eibenstock erfüllt denn auch heute mehrere Aufgaben: Zuallererst dient sie der Trinkwasserversorgung, sie unterstützt aber auch den Hochwasserschutz und die sogenannte Niedrigwasseraufhöhung. Darüber hinaus wird elektrischer Strom mit der Wasserkraft der Zwickauer Mulde erzeugt.

Deutschlandweit bekannt wurde Schwarzenberg durch einen gleichnamigen Roman Stefan Heyms, der die Nachkriegszeit schildert, als die Stadt von der US-Besatzung mehrere Wochen lang schlicht vergessen wurde. Im Mai 1945 hatten daher Bürger Schwarzenbergs die Macht übernommen, später sprach man gar von der Republik Schwarzenberg. Erst mit dem Rückzug der US-Amerikaner zur späteren Zonengrenze löste sich das Machtvakuum auf und am 25. Juni 1945 rollten russische Panzer in die Stadt.

Der 1.019 Meter hohe Auersberg gehörte ursprünglich zum bevorzugten Jagdrevier sächsischer Kurfürsten. Ein erster Aussichtsturm etablierte sich 1860, er diente der Waldbrandüberwachung und war Station der königlich-sächsischen Triangulation. Er lockte aber auch sogleich nicht wenige Wanderer an. In den 1980er-Jahren wurde eine Radarstation errichtet, der Volksmund sprach fortan von der „Stasi-Moschee". Heute nutzt die Deutsche Flugsicherung das Gebäude, die Anlage hat einen Erfassungsradius von etwa 270 Kilometern.

▲ Die Talsperre Carlsfeld stammt aus den 1920er-Jahren und staut mit der Wilzsch einen Nebenfluss der Zwickauer Mulde. Die acht Häuser der Streusiedlung Weiterswiese mussten dafür weichen. Vorausgegangen war 1908 ein verheerendes Hochwasser, dem Pläne zur Regulierung durch eine Talsperre gefolgt waren.

◥ Carlsfeld gehört heute zur Stadt Eibenstock. Ortsgründer war 1688 Veit Hans Schnorr von Carolsfeld gewesen.

Die alten Zollhäuser von Eibenstock sind heute funktionslos geworden.

▲ Johanngeorgenstadt hat das Bergbausymbol der beiden Hämmer unmissverständlich im Wappen. Unmittelbar an der sächsischen Grenze waren hier böhmische Exulanten angesiedelt worden.

◥ Crandorf musste zweimal gegründet werden. Heute gehört der Ort zur Stadt Schwarzenbach.

Waldlichtungen im ansonsten dichten Erzgebirgswald fallen sofort ins Auge. Ohne ständige Nutzung würde sich der Wald die Flächen zurückholen. ▶

▲ Das Pumpspeicherwerk Markersbach ist das zweitgrößte Deutschlands (1.050 MW). Es ist seit 35 Jahren in Betrieb und wurde nach der Wende zudem modernisiert.

Markersbach benennt das Dorf und gleichzeitig den Dorfbach. Letzterer wird häufig auch als Abrahamsbach bezeichnet, abgeleitet von einer früheren bedeutsamen Eisenerzgrube „Vater Abraham“ im Quellgebiet; der Volksmund spricht auch vom Scheibner Bachel und nimmt damit Bezug auf den Nachbarort Unterscheibe. Beide Dörfer bestehen seit Jahrhunderten. Überregional bekannt ist der 37 Meter hohe Markersbacher Eisenbahnviadukt, im Volksmund schlicht Streichholzbrücke genannt.

Die Rodungsinsel Jägerhaus gehört heute nach Schwarzenberg. Die Benennung der Häusergruppe geht auf ein kurfürstliches Jägerhaus zurück, das später Keimzelle für einige weitere Gebäude wurde. An der Jägerhaus-Kreuzung hatte man bis 1873 noch Chausseegeld erhoben. Später hatte sich das Jägerhaus zur beliebten Sommerfrische entwickelt.

Neue, weit ausladende Ortsumgehungsstraßen kennzeichnen heute vielerorts das Erzgebirge, wie hier die Scheibenbergerstraße bei Elterlein.

Scheibenberg ist eine Bergbaugründung mit zugesicherter Bergfreiheit im Stadtrecht. Die beiden stilisierten Hämmer im Wappen basieren auf dem großen Ratssiegel des Jahres 1530. Obwohl der Dreißigjährige Krieg schon knapp 100 Jahre später den Bergbau zum Erliegen gebracht hatte, blieb Scheibenberg bestehen.

Die Orgelpfeifen sind der treffende Name für die 30 Meter hohen Basaltsäulen am Scheibenberg. Es ist heute kaum mehr vorstellbar, dass man 1914 den Basaltabbau genehmigt hatte. Erst 1928 hatten sich weitsichtigere Zeitgenossen durchsetzen und die persönliche Bereicherung Einzelner auf Kosten der Allgemeinheit stoppen können.

Die Geyer Höhle ist eine sogenannte Binge, also eine kollabierte Bergbaugrube, entstanden durch den Einsturz einer Tiefbaugrube mit zu geringer Teufe.
Die Greifensteine bestehen aus sieben Granitfelsen, die durch Verwitterung ihr heutiges „Wollsack"-Aussehen erreicht haben. Ursprünglich hatten noch sechs weitere bestanden, die aber dem schnöden Mammon geopfert und auf „Abbruch" verkauft worden waren.

Die Kleinstadt Geyer ist als Bergbaustadt entstanden (siehe auch S. 143). Der Bergbau hatte bereits vor 1381 eingesetzt.

◂ Dorfchemnitz entstand als typisches Waldhufendorf (1479 als Dorf Kempniz benannt). Lange Zeit hatte ein Rittergut die Grundherrschaft inne.

Auerbach liegt bereits im sächsischen Vogtland, in unmittelbarer Nachbarschaft zum Westerzgebirge. Wer Goethe gelesen hat, denkt sofort an Auerbachs Keller, die zweitälteste Gaststätte in Leipzig. ▸

Erzgebirge Aue ist überregional als Fußballverein bekannt, das moderne Sparkassen-Erzgebirge-Stadium ist das heimische Spielfeld. Die Stadt liegt im Talkessel der Zwickauer Mulde und war früher eine bedeutende Bergbaustadt, es wurde fast das gesamte Spektrum des üblichen Erzgebirge-Erzes abgebaut, vom Eisen- über Silber- bis zu Zinnerzen.

Das Bergbaumuseum in Oelsnitz zeigt wichtige Facetten des Bergbaus im Erzgebirge.

Stollberg im Erzgebirgskreis liegt am Erzgebirgischen Becken mit dem ehemals ergiebigen, heute aber geschlossenen Steinkohlenrevier. Schloss Hoheneck diente zu DDR-Zeiten als größtes Frauengefängnis für politisch Verfolgte.

Schneeberg im Westerzgebirge hat eine große Bergbauvergangenheit. Reiche Silbererzfunde hatten im ausklingenden Mittelalter ein „Berggeschrey" ausgelöst. 1477 hatte es gut 150 Gruben gegeben, allein im Feld der „Alten Fundgrube" wurden etwa 14 Tonnen Silbererz abgebaut. Heute gehört Schneeberg zum Städtebund Silberberg. Die Mitglieder verbindet nicht nur eine gemeinsame Bergbauvergangenheit, sie arbeiten auch für eine gemeinsame Zukunft zusammen, ob bei der Stadtentwicklung, bei der Bauleit- und Verkehrsplanung, bei Haushalts- und Finanzangelegenheiten oder gemeinsamen Anträgen zur Wirtschaftsförderung, beim Marketing und natürlich beim Tourismus. Auch ein gemeinsamer Flächennutzungsplan besteht bereits.

◂ Bockau ist eine Gemeinde im waldreichen Oberen Westerzgebirge.

Die Bergstadt Eibenstock ist heute ein staatlich anerkannter Erholungsort. Die Entwicklung der ersten Ansiedlung war vom Bergbau bestimmt, vor allem Eisenstein und Zinnerz waren zu heben. Eibenstock hatte denn auch ein eigenes Bergamt und war eine „freie Bergstadt". Zu DDR-Zeiten war aufbauend auf erfolglosen Plänen aus der Jahrhundertwende das umfangreiche Talsperrenprojekt entstanden: Dafür musste der Ort Muldenhammer aufgegeben, die Eisenbahnlinie verlegt und ein Tunnel stillgelegt werden. Seither ist die Talsperre Eibenstock Sachsens größte Talsperre (mit dem größten Fassungsvermögen und der höchsten Absperrmauer). Das gestaute Wasser der Zwickauer Mulde kann heute etwa eine Million Menschen mit Trinkwasser versorgen.

Schwarzenberg hat im Jahr 2000 die 850-Jahr-Feier begangen. Laut einer Sage soll einer der Ottonen-Kaiser die Gründung der Stadt angeschoben haben. Später wechselten die Besitzer oft, vor allem nachdem die Staufer ausgestorben waren. Eine Stadtansicht aus dem Jahr 1627 zeigt das historische Stadtbild mit dem kurfürstlichen Jagdschloss. Dessen heutige Gestalt ist erst gut 150 Jahre alt. Zur Neuzeit war Schwarzenberg in kurfürstlich-sächsischem Besitz. Die Stadt ist überregional durch Stefan Heym (1913–2001) bekannt, der im gleichnamigen Roman die Nachkriegszeit des mehrere Wochen lang unbesetzten (d. h. von den Besatzungsmächten vergessenen) Orts beschreibt. Zu DDR-Zeiten war die Stadt der wichtigste Waschmaschinenproduktionsstandort ganz Osteuropas.